Klaus Mertes

Den Kreislauf des Scheiterns durchbrechen

Klaus Mertes

Den Kreislauf des Scheiterns durchbrechen

Damit die Aufarbeitung des Missbrauchs am Ende nicht wieder am Anfang steht

Patmos Verlag

VERLAGSGRUPPE PATMOS

PATMOS
ESCHBACH
GRÜNEWALD
THORBECKE
SCHWABEN
VER SACRUM

Die Verlagsgruppe
mit Sinn für das Leben

MIX
Papier aus verantwortungsvollen Quellen
FSC® C014496

Klimaneutral
Druckprodukt
ClimatePartner.com/14549-2003-1001

Für die Verlagsgruppe Patmos ist Nachhaltigkeit ein wichtiger Maßstab ihres Handelns. Wir achten daher auf den Einsatz umweltschonender Ressourcen und Materialien.

Verlagsgruppe Patmos in der Schwabenverlag AG, Ostfildern
www.patmos.de

Umschlaggestaltung: Finken & Bumiller
Satz: Schwabenverlag AG, Ostfildern
Druck: GGP Media GmbH, Pößneck
Hergestellt in Deutschland
ISBN 978-3-8436-1349-1

Inhalt

Zu diesem Buch

Im Frühjahr 2010 wurde der Missbrauch am Berliner Canisius-Kolleg öffentlich. Seitdem erlebt die Öffentlichkeit und erleben auch »wir« in der katholischen Kirche immer wieder Scheitern der Bemühungen um Aufarbeitung. Es ist ein Scheitern nach dem anderen, ein Kreislauf des Scheiterns.

Zur Erfahrung des Scheiterns gehört auch das Gefühl der Vergeblichkeit der positiven Bemühungen der katholischen Kirche. Denn es ist ja nicht zu übersehen, dass sich in der Kirche in den letzten zehn Jahren vieles bewegt hat. Vieles, was noch vor kurzem undenkbar war. Dazu Matthias Drobinski: »Für Deutschlands katholische Bischöfe ist es schon ein ziemliches Elend, für die meisten von ihnen jedenfalls. Sie wählen die erste Generalsekretärin der Bischofskonferenz, eine Frau, die sich für benachteiligte Frauen und Mädchen einsetzt. Sie reden mit Vertreterinnen und Vertretern des Kirchenvolks über Macht und Machtmissbrauch in der Kirche, über den Zölibat und Weiheämter für Frauen, über Sexualmoral. Zahlreiche Bistümer lassen derzeit untersuchen, wo die Kirchenleitungen im Umgang mit Fällen von sexualisierter Gewalt gefehlt haben. Die Katholiken sind da weiter als die evangelischen Glaubensgeschwister – und sehr viel weiter als zum Beispiel der Leistungssport.« Dasselbe wäre auch über die Bemühungen um Prävention zu sagen, über das Verfahren für Anerkennungszahlungen und vieles andere mehr. »Und doch schlägt ihnen nichts als Hohn und Spott entgegen …«, heißt es weiter.[1] Warum ist das so? Offensichtlich lässt sich der Gesamteindruck des Scheiterns auch nicht durch positive Nachrichten ausgleichen. Das mag auch damit zusammenhängen, dass schlechte Nachrichten mehr auffallen als gute. Aber nach elf Jahren ist der Eindruck unabweisbar: Das Problem liegt tiefer.

Schauen wir genauer auf das jüngste, vorerst letzte krachende Scheitern: die Kölner Krise, ausgelöst durch die Entscheidung des Kölner Kardinals Woelki vom März 2020, die Veröffentlichung des Gutachtens der Münchner Kanzlei Westpfahl Spilker Wastl kurzfristig zu verschieben. Die Krise hat exemplarische Bedeutung. Sie trifft die Kirche nach all den Bemühungen und gerade auch nach den jüngsten Fortschritten mit besonderer Wucht. Dafür gibt es mehrere Gründe. Köln ist so etwas wie das Rom am Rhein – es steht mehr für die gesamte Kirche in Deutschland als irgendein anderes Bistum. Köln ist die Diözese, der von Papst Johannes Paul II. ein Bischof aufgezwungen wurde: Joachim Kardinal Meisner. Dessen autoritärer Leitungsstil hat im Bistum Wunden geschlagen. Nun mischen sich die lange zurückgehaltenen Schmerzensäußerungen über die Wunden der Meisner-Jahre mit der Empörung über das aktuelle Missmanagement der Bistumsleitung. Und schließlich: Rainer Maria Kardinal Woelki hatte nach der Veröffentlichung der MHG-Studie[2] 2018 angekündigt, besonders radikal aufzuklären. Er hatte Hoffnungen geweckt bei Betroffenen, bei Ermüdeten und Verzweifelten, die nun glaubten, dass sich »endlich« etwas tun würde – denn wenn Köln sich bewegt, dann ist Land in Sicht. Doch es kam anders. Das Agieren des Kölner Kardinals und der Kölner Bistumsleitung wurde zum Warnzeichen für alle, die bei der Aufarbeitung nach vorn preschen, ohne die Komplexität der Aufgabe zu bedenken. Mit dem Kardinal scheiterte so auch der kurze Kölner Frühling der Hoffnung auf eine Lichtgestalt an der Spitze der Hierarchie, die aus der Misere herausführt – eine sehr katholische Illusion, insoweit sie auch ein Widerschein ihrer zentralistischen Struktur ist. Aber das Heil kommt eben nicht von oben. Es gibt sie nicht, die Lichtgestalt, und es wird sie nicht geben. Diese Enttäuschung schneidet nun ins eigene Fleisch des katholischen Selbstbildes.

Allen Beteiligten beginnt zu dämmern, dass sie in Hoffnungsfallen getappt sind, die sie als solche hätten erkennen können: dass sie da etwas unterschätzt haben; dass ein tieferer Grund hinter allem Scheitern wirkt, mächtiger als die guten Vorsätze und die immer wieder neuen lautstarken Ankündigungen. Die Aufgabe der Aufarbeitung ist größer. »Wir« können es gar nicht schaffen.

Es ist deswegen auch zu einfach, die Fehlleistungen und das Scheitern der vergangenen Jahre bloß an der Unfähigkeit von leitenden Personen festzumachen. Aus der Fixierung auf die Person des Kardinals speist sich ja auch die in Teilen berechtigte Kritik an der Debatte um die Vorgänge in Köln: Kardinal Woelki werde zum Sündenbock gemacht; die Vorwürfe gegen ihn seien harmlos im Vergleich zu Vorwürfen gegenüber anderen Bischöfen, die im Raum stehen – und so weiter. Das Problem scheint jedenfalls größer zu sein, als der Kardinal gedacht hat. Er hat gravierende Fehler gemacht, aber er ist vor allem Symptomträger. Das Problem wird deswegen auch nicht durch Rücktritt gelöst, selbst dann nicht, wenn gute Gründe für den Rücktritt vorliegen.

Vergleichbare Erkenntnisse konnten einem schon 2010 dämmern. Damals hieß der Bischof, auf den sich alle Blicke richteten, Walter Mixa. Sein Rücktritt – der aus vielen Gründen berechtigt, ja überfällig war – brachte für den Aufarbeitungsprozess der katholischen Kirche nur eine kurze Verschnaufpause. Die negativen Schlagzeilen in der Presse hielt Mixas Rücktritt aber nicht nachhaltig auf. Bald rollte die Lawine des »Missbrauchsskandals« weiter mit lautem Getöse talwärts.

Es verhält sich mit dem Aufarbeitungsgeschehen eben anders, als ein leitungsfixierter Tunnelblick es vortäuscht. Im Hintergrund des ständigen Scheiterns wirken untergründig Dynamiken, in denen nicht nur die Bischöfe gefangen sind, sondern auch große Teile der kirchlichen und publizistischen Öffentlichkeit. Selbst diejenigen werden von den Unterströmungen mitgerissen, die die Bemühungen der katholischen Kirche und ihr Scheitern kritisch begleiten. Solche Dynamiken lassen sich nicht einfach steuern. Die Kirche fällt im Modus einer umgekehrten Echternacher Springprozession – ein Schritt vor, zwei Schritte zurück – trotz aller Aufarbeitungs-Bemühungen seit dem Jahr 2010 immer wieder zurück.

Das hat mit zwei tieferliegenden Schlüsselthemen zu tun. Erstes Thema: Wiedergewinnung der Glaubwürdigkeit. Zweites Thema: Beteiligung der Betroffenen. Sie sollen im Folgenden näher angeschaut werden.

Klaus Mertes SJ, im März 2021

Wiedergewinnung der Glaubwürdigkeit

Was ist eigentlich das Ziel von Aufarbeitung? Und welchen Stellenwert hat dabei die Wiedergewinnung der Glaubwürdigkeit? Fest steht: Der Verlust der Glaubwürdigkeit macht nicht nur die Bischöfe und die Oberen besorgt, sondern auch die engagierten Laien in der Kirche – und auch alle, die davon überzeugt sind, dass eine dauerhafte Schwächung der Kirchen kein konstruktiver Beitrag für eine humane Gesellschaft ist. Das ist ja in der Tat ein Schaden. Glaubwürdigkeit ist ein hohes Gut. Wenn eine Institution, zumal die katholische Kirche, an Glaubwürdigkeit verliert, schadet das ihrem Dienst, der zugleich ihr Existenzzweck ist. Glaubwürdigkeitsverlust bedroht die Existenz der Institution. Aber damit ist mehr bedroht als »nur« ihre Existenz. Die Existenz der Kirche ist kein Selbstzweck. Sie verdankt sich vielmehr einem Auftrag für andere: Seelsorge, Verkündigung des Evangeliums, tätige Nächstenliebe, Gemeinde, Communio. Wenn nun die Kirche aufgrund des Glaubwürdigkeitsverlustes ihren Auftrag nicht mehr erfüllen kann, dann ist die Sorge wegen des Glaubwürdigkeitsverlustes nur zu berechtigt, und das nicht nur um der Kirche selbst willen.

Das Zentralkomitee der deutschen Katholiken (ZdK) thematisierte entsprechend bereits im Frühjahr 2010 die Krise der Glaubwürdigkeit mit deutlichen Worten. Die Bistümer, Orden, Verbände und Vereine reagierten schnell. Insbesondere mit Präventionsprogrammen versuchten sie, einen Akzent dagegenzusetzen – durchaus erfolgreich. Das geschah auch deswegen, weil die Öffentlichkeit massiv auf schnelle Antworten zur Frage nach der Prävention drängte. Doch es brauchte die MHG-Studie, die acht Jahre später, im Herbst 2018, veröffentlicht wurde, ehe sich eine Mehrheit der Bischöfe eingestand, dass die Gründe für das Glaubwürdigkeitsproblem tiefer liegen: dass die Krise nicht nur eine

Priesterkrise, sondern auch eine Bischofs- und Oberenkrise ist; dass Missbrauch nicht nur in der Missetat von Tätern an schutzbefohlenen Personen besteht, sondern auch in der Unfähigkeit – in einigen Fällen sogar im Unwillen –, diese Verbrechen disziplinarisch aufzuarbeiten. Es war nicht mehr von der Hand zu weisen, dass die Frage nach den Machtstrukturen tatsächlich auf die Tagesordnung gehört.

Es gesellte sich verschärfend das Bekanntwerden von »geistlichem Missbrauch« hinzu – und damit die Erkenntnis, dass sexueller Missbrauch durch Geistliche immer auch die Dimension des geistlichen Missbrauchs hat, dass es aber auch geistlichen Missbrauch ohne sexuellen Missbrauch gibt.[3] Oft geschieht geistlicher Missbrauch in Verbindung mit elitären Gruppen in der Kirche – Übergriffe, die in ihren Wirkungen auf die Betroffenen genauso verheerend sind wie der sexuelle Missbrauch. Gestalten wie Marcial Maciel, Gründer der »Legionäre Christi«, aber auch andere Gründerinnen und Gründer von geistlichen Gemeinschaften und Orden warfen mit ihren Verbrechen plötzlich dunkle

Schatten auf die von ihnen ins Leben gerufenen Gemeinschaften. Der Missbrauch wirbelte die wunderbar einfache Welt der Lagerbildungen durcheinander: Ob konservativ oder progressiv, links oder rechts, 68er oder Anti-68er – Missbrauch fand und findet in allen Lagern statt. Die alte Freund-Feind-Unterscheidung funktionierte nicht mehr. Verunsicherung machte sich immer mehr breit. Auch das gab vielen Bischöfen einen Anstoß zum Umdenken und veränderte die Gewichte in der Bischofskonferenz. Die MHG-Studie brachte allerdings – außer dem Zahlenwerk, dem sich nun niemand mehr entziehen konnte – eigentlich keine wirklich neuen Erkenntnisse. Die Empfehlungen des MHG-Konsortiums reihten sich in die Liste der Vorschläge und Forderungen ein, die in Deutschland aus dem kirchlichen Raum heraus seit 2010 schon oft öffentlich formuliert worden waren, und, wenn man genauer hinschaut, eigentlich schon jahrzehntelang vorher.

Jedenfalls begannen Bischöfe, nun auch mutiger öffentlich einzugestehen, dass das Glaubwürdigkeitsproblem eines der Institution selbst ist, ihrer dysfunktionalen Verfassung, ihres Verlustes von Kontakt mit der Wirklichkeit. Diese Selbsterkenntnis führte zu einem neuen Schulterschluss zwischen Laien und Bischofskonferenz, sozusagen zu einer Aufbruchsstimmung im Alarmzustand. ZdK und Deutsche Bischofskonferenz (DBK) beriefen den »Synodalen Weg« ein,[4] die DBK versprach eine Neuregelung des Verfahrens für Anerkennungszahlungen und vereinbarte mit dem Unabhängigen Beauftragten der Bundesregierung für Fragen des sexuellen Kindesmissbrauchs (UBSKM) »Standards für eine unabhängige Aufarbeitung«, zu denen wesentlich auch die Bildung von Betroffenenbeiräten in den Diözesen sowie deren Beteiligung an der Aufarbeitung gehört.

Es darf wohlwollend davon ausgegangen werden, dass Kardinal Woelki unmittelbar nach der Veröffentlichung der MHG-Studie in größter Sorge um die Glaubwürdigkeit der Kirche mit besonders deutlichen Formulierungen auftrat: Er sprach von »rückhaltloser Aufklärung«. Es folgte die Beauftragung einer renommierten Kanzlei mit einem Gutachten. »Die Namen der

Verantwortlichen werden genannt werden«, versicherte der Kardinal in der Öffentlichkeit. Während sich UBSKM und DBK noch in Verhandlungen über Standards einer unabhängigen Aufarbeitung befanden, preschte er vor und bildete einen Betroffenenbeirat, den Ersten seiner Art in einer deutschen Diözese. »Die Betroffenen helfen uns jetzt bei der Aufarbeitung« – und so weiter. Doch es kam anders. Im März 2020 wurde die Veröffentlichung des Gutachtens der Münchner Kanzlei Westpfahl Spilker Wastl kurzfristig verschoben. Im Oktober behauptete Woelki, das Gutachten dürfe gar nicht veröffentlicht werden. Die Reputation des Kardinals als »Aufklärer« lag in Trümmern – und auch die der gesamten Kölner Bistumsleitung und ihrer hochbezahlten Beraterinnen und Berater. Die Auswirkungen auf die Kirche in Deutschland sind bis heute nicht absehbar.

Das Versagen des Kölner Erzbischofs ist allerdings nur die Spitze eines Eisberges. Sich auf Kardinal Woelki einzuschießen, kann auch ablenken. Unterhalb des Wasserspiegels schwimmt ein dicker Klotz: Hierarchie, Verbände, kirchliche Gremien, Gemeinden, kirchliche Presse, universitäre Theologie, auch große Teile der hierarchiekritischen Kommentatorinnen und Kommentatoren kommen aus dem kirchlichen Sich-um-sich-selbst-Drehen nicht mehr heraus. Das Schiff Kirche hat unterhalb der Kielwasserlinie Risse bekommen. Je deutlicher diese Risse sichtbar werden, desto dringlicher schiebt sich das Thema Wiedergewinnung der Glaubwürdigkeit immer neu nach vorn. Das ist aber genau der falsche Notenschlüssel vor Melodie und Text der Aufarbeitung. Die Drehung um sich selbst hört so nicht auf. Die positiven Bemühungen um Prävention, um Reformen und Dialog werden immer wieder hineingesogen in den Strudel des Glaubwürdigkeitsverlustes, der sich dreht und dreht und dreht – weil die Selbstsorge der Institution um ihr Ansehen zieht und zieht und zieht. Klar, die Sorge ist berechtigt. Die Kirchenaustrittszahlen erschüttern. Auch der Synodale Weg wird von der Drehung erfasst. Die Rhetorik der Sorge um die Glaubwürdigkeit hat er sich von Anfang an zu eigen gemacht.[5] Sie verstärkte sich mit der Kölner Krise.

Wie gesagt: Die Bedeutung von Glaubwürdigkeit für die Kirche und für das Gelingen ihres Auftrages wird hier gar nicht bestritten. Aber es ist für die Aufarbeitung von Missbrauch von entscheidender Bedeutung, wie das Anliegen der Glaubwürdigkeit der Institution Kirche überhaupt in ein Verhältnis zur Aufgabe der Aufarbeitung gestellt wird. Und da gilt: Solange das beherrschende Motiv hinter allen Bemühungen zur Aufarbeitung die Wiedergewinnung der Glaubwürdigkeit ist, werden die Bemühungen kraftlos bleiben und kontraproduktive Wirkungen zeitigen. Sie werden weiter unter dem Verdacht stehen bleiben, im Interesse der Institution strategisch motiviert zu sein. Ein Teufelskreis, der sich dreht wie ein Kreisel.

Der richtige Notenschlüssel vor Text und Melodie der Aufarbeitung lautet: Gerechtigkeit für die Betroffenen. Auch hier ist die Falle des Sich-um-sich-selbst-Drehens aufgestellt, die gerade auch von Betroffenen mit Argusaugen beobachtet wird: Wenn man die Kommunikation mit den Betroffenen sowie die Gerechtigkeit für sie primär deswegen anstrebt, um als Institution wieder Reputation zu gewinnen, hat man schon wieder den Notenschlüssel vertauscht. Diese mögliche Falle kann allerdings nicht der Grund dafür sein, sich bei den Notenschlüsseln für gar keine Priorisierung zu entscheiden. Eine Blickwende um 180 Grad steht an, egal, ob die Öffentlichkeit oder die Betroffenen sie der Kirche abnehmen oder nicht – weg von der institutionsnarzisstischen Perspektive, hin zur Frage nach der Gerechtigkeit, die allerdings, wie sich noch zeigen wird, keineswegs einfach zu beantworten ist.

Diese Priorisierung wirklich ernst zu nehmen, führt in der Konsequenz zu einigen bitteren, aber heilsamen Erkenntnissen. Erstens: Die Glaubwürdigkeit ist weg. Sie ist nicht wiederzugewinnen. Es lohnt sich also auch nicht, ihr hinterherzujagen. Gelegenheiten dazu, Vertrauen zu erhalten, wurden verpasst. Mit zu vielen Jahren Verspätung öffnete sich die Kirche wesentlichen Erkenntnissen, die schon 2010 auf der Hand lagen. Man kann zwar einwenden: besser jetzt als nie. Trotzdem ist es tragisch. Denn die Erkenntnisse heute umzusetzen, wird zwar durchaus der Sache der Aufarbeitung dienen können, aber nicht mehr der Rettung der Glaubwürdigkeit. Dafür ist es zu spät. Die Kirche wird in den nächsten Jahren durch ein tiefes Tal gehen müssen.

Für Katholikinnen und Katholiken ergibt sich daraus eine zweite, ebenfalls bittere, aber auch herausfordernde Erkenntnis: Sie müssen jeweils für sich persönlich klären, warum sie trotz des Glaubwürdigkeitsverlustes dabeibleiben und sich gemeinsam mit den Bischöfen auf den Weg machen. Und da gilt: Wer sein Dabeibleiben von einer wiedergewonnenen Glaubwürdigkeit der Institution abhängig macht, kommt selbst aus der institutionsnarzisstischen Perspektive nicht heraus. Er oder sie bleibt dann Teil der abwärtsrollenden Lawine.

Um Missverständnisse zu vermeiden: Es soll den vielen Christgläubigen, die derzeit austreten, keineswegs unterstellt werden, es ginge ihnen nur darum, ihre persönliche Reputation durch Distanz von der Kirche zu retten. Gründe für einen Kirchenaustritt können sehr unterschiedlich sein. Austritte erfolgen oft nach langem Ringen und mit großer Trauer. Sie sagen nicht in jedem Fall etwas über den Glauben der Ausgetretenen aus. Viele sagen sogar, dass sie aus der Kirche austreten, um weiter glauben zu können. Es soll hier nur deutlichgemacht werden, dass diejenigen, die bleiben, sich lösen sollten von der Vorstellung, nur dann bleiben zu können, wenn es der Kirche demnächst gelingt, wieder Glaubwürdigkeit zu gewinnen. Es wäre zu schön, um wahr zu sein. Den anstehenden Marathon wird man so nicht durchhalten. Und vor allem: Genau dieser Druck wird immer wieder dazu führen, dass sich die Wiedergewinnung der Glaubwürdigkeit als Notenschlüssel zur Partitur der Aufarbeitung nach vorn drängt – gerade auch in den Gremien, Verbänden und Gemeinden, die um ihre Existenz fürchten.

Doch es hat keinen Zweck. Zu tief und zu lang ist das Tal, das die Kirche in den nächsten Jahren durchschreiten muss. Ein Drittes Vatikanisches Konzil wird es so schnell nicht geben. Der Synodale Weg wird eines Tages vielleicht zur Vorgeschichte eines großen Reformkonzils gehören – er ist jedenfalls ein kleiner

Beitrag zu einem Prozess, der größer ist als »wir«.

Die Blickwende um 180 Grad, weg von der institutionsnarzisstischen Perspektive, erfordert schließlich, dass es ein alternatives Ziel gibt, das nicht wiederum auf institutionelle Eigeninteressen bezogen ist, seien diese auch noch so legitim. Weil das Wesen des Missbrauchs ja darin besteht, dass das Vertrauen von Kindern, Jugendlichen und Schutzbefohlenen missbraucht wurde, um Eigeninteressen zu bedienen oder doch wenigstens nicht zu gefährden, bedarf es für die Aufarbeitung des radikalen Verzichtes auf eben diese Perspektive der Eigeninteressen. Es muss prioritär um »die anderen« gehen, in diesem Fall um die Betroffenen, um Gerechtigkeit für sie. Das ist eine selbstverständliche Konsequenz aus dem Gebot der Nächstenliebe.

Doch bevor Anliegen der Gerechtigkeit überhaupt inhaltlich näher bestimmt werden können, muss die Kirche ihre Rolle in der Kommunikation mit Betroffenen und Betroffenenvertretern klären. Auch das ist in den letzten Jahren insgesamt nicht gelungen. Und auch das ist nicht nur ein Thema für die Bischöfe in Deutschland und weltweit, sondern für alle, d. h. umfassend für den innerkirchlichen und den ihn begleitenden gesellschaftlichen Diskurs.

Rollenklärung

Die häufigste Rolle, die den Betroffenen im kirchlich-theologischen Sprechen zugewiesen wird, ist die der Armen im Evangelium. Der Schlüsseltext dazu ist in der Bildrede vom Weltgericht (Mt 25,31–46) zu finden: »Ich war hungrig, und ihr habt mir zu essen gegeben. Ich war durstig, und ihr habt mir zu trinken gegeben. Ich war fremd, und ihr habt mich aufgenommen. Ich war nackt, und ihr habt mich bekleidet. Ich war krank, und ihr habt euch meiner angenommen. Ich war im Gefängnis, und ihr seid zu mir gekommen.« Was an diesem Text inspiriert, ist die Identifikation Jesu mit den Armen. Sie ist in der politischen Theologie »mystisch« ausgelegt worden und gehört heute zum Gemeingut kirchlicher Predigt. Sie ist ein Notenschlüssel für die gesamte Theologie, gerade auch bei Papst Franziskus.

Die Identifikation Christi mit den Armen ist keineswegs nur als Metapher zu verstehen, die einen moralischen Appell unterstreichen soll. In der Begegnung mit den Armen, so die »mystische« Interpretation, geht es auch um Begegnung mit dem auferstandenen Christus. Das Gleichnis eröffnet eine christologische Perspektive für die Kirche in die Gegenwart hinein. Die Kirche gibt den Armen nicht bloß, sondern sie empfängt von ihnen. In den Armen kommt der Auferstandene auf die Menschen zu. Er hat ihnen in dieser Begegnung etwas zu sagen.

Natürlich muss hier differenziert werden: Der Arme, also zum Beispiel der Mensch, der ohnmächtig am Wegesrand liegt, »spricht« zu dem Samariter, obwohl er ohnmächtig ist (vgl. Lk 10,33) und nicht sprechen kann. Aus seiner Not spricht der auferstandene Christus.[6] Und weiter gilt auch: Nicht alles, was Menschen in Not ausdrücklich-konkret sagen, wollen oder fordern, muss schon der Wille Christi selbst sein. Im Evangelium grenzt Jesus sich oft von Armen und ihren Forderungen ab. Aber genau in dieser Notwendigkeit der Abgrenzung kann wiederum eine Botschaft »für mich« liegen, die mir überhaupt erst durch die Begegnung mit den Armen vermittelt wird, wenn es auch nicht ihre Botschaft ist. So ist es jedenfalls gemeint, wenn in der befreiungstheologischen Mystik gesagt wird, dass die Begegnung mit den Armen ein Ort geistlicher Erfahrung für die Christgläubigen ist. Sie ist neben der Schrift und der Tradition eine unverzichtbare Erfahrungsgrundlage für theologische Reflexion.

Unglücklicherweise ist aber gerade der neutestamentliche Zusammenhang der Armen mit Christus auch der Grund dafür, dass Bischöfe, Theologinnen und Theologen und große Teile des kirchlichen Diskurses bei der Aufarbeitung von Missbrauch sprachlich scheitern, und zwar gerade dann, wenn sie theologisch sprechen wollen. Zum Christkönigssonntag, an dem das Gerichtsgleichnis verlesen wird, steht in einem kirchlichen Kommentar (mit mahnendem Blick auf die Bischöfe) zu lesen: »Wer Christus König nennt, muss auch Missbrauchsopfer so betrachten.«[7] Formeln wie »Kindesmissbrauch ist Gottesmissbrauch« machen die Runde. Bildmontagen mit gekreuzigten Teddybären werden auf das Cover von Broschüren und Heften zum Thema Missbrauch gesetzt. Auch die mystische Empfängnis des Evangeliums aus der Begegnung mit dem Auferstandenen wird angedeutet: »Wir hören den Betroffenen zu und lassen uns von ihnen evangelisieren.« Für die Rollendefinition bei der Aufarbeitung lautet dann die Konsequenz: »Die Kirche steht an der Seite der Opfer« oder »Die Opfer helfen uns bei der Aufarbeitung« – Formulierungen, die auch Kardinal Woelki nutzte, bevor ihm durch sein Scheitern die Möglichkeit dazu genommen wurde. Im Hintergrund dieser Formulierungen klingt jedenfalls immer die Christologie des Gerichtsgleichnisses an.

Einerseits erscheint das naheliegend. »Arme« in der Schrift sind mehr als nur das Gegenstück zu finanziell »Reichen«. Ihr Gebet in den Psalmen lautet: »Schaff mir Recht, o Gott«, nicht bloß: »Mach mich reich.« Sie sind Opfer von Ungerechtigkeit, Entwürdigung und Gewalt. Sie sind »Geopferte«, insofern ihr Schweigen auf die eine oder andere Weise erkauft wurde, um die Institution zu schützen. Es ist also sinnvoll, in den »Armen« gerade auch die Opfer von Missbrauch zu sehen. Doch funktioniert die Identifikation aus dem Gerichtsgleichnis nicht, wenn die Kirche sie in der Kommunikation mit den Betroffenen aufgreift. Der Missbrauch hat die Verständigung zwischen den Verantwortlichen und den Betroffenen auf der Basis dieser Sprache vorerst unmöglich gemacht. Das ist die bittere Erkenntnis, die immer deutlicher hervortritt. Es ist nämlich ein Unterschied, ob man sich Gewaltopfern zuwendet, die Gewalt von anderen Personen erfahren haben, oder ob man selbst ihnen die Gewalt angetan hat – durch Gewalttat, durch Unterlassung von Schutz, durch Zurückweisung oder durch Vertuschung. Die Rolle macht den Unterschied in der Kommunikation aus. Worte klingen anders je nachdem, auf welcher Seite man steht. Wenn das nicht gesehen und respektiert wird, ist das Scheitern in der Kommunikation mit den Betroffenen mehr oder weniger zwangsläufig. Ein Dialog, der diesen Namen verdient, kann gar nicht erst zustandekommen.

Betroffene hören Worte und Reden aus der Kirche vor dem Hintergrund ihrer Erfahrungen.[8] Es mag Opfer geben, die Trost darin finden, dass Christus an ihrer Seite steht; der darf ihnen nicht genommen werden, schon gar nicht von der Kirche. Und es soll auch nicht allen Christgläubigen die Möglichkeit abgesprochen werden, sich mit Betroffenen zu solidarisieren und sich ihre Forderungen zu eigen zu machen. Aber die Kirche in Gestalt ihrer bischöflichen und theologischen Repräsentantinnen und Repräsentanten kann den Opfern diesen Trost und diesen Beistand nicht selbst aktiv *ad personam* predigen. Sie ist es ja, die die Wunden geschlagen hat, die nun der Heilung bedürfen.

Und was die Gleichsetzung der Betroffenen mit dem Gekreuzigten betrifft: Die Opfer sind nicht gekreuzigt, wie Jesus gekreuzigt wurde, der sich »am Abend vor seinem Leiden aus freiem Willen dem Leiden unterwarf«, wie es im Zweiten Hochgebet der Eucharistiefeier heißt. Die Betroffenen wurden gänzlich unfreiwillig zu Opfern. Einen Sinn macht ihr Leiden auch nicht, im Unterschied zum Leiden Jesu, der zu seinem

Weg nach Jerusalem »Ja« sagte und dessen Hinrichtung am Kreuz die Kirche aus der Rückschau deswegen mit einer Sinnaussage verbinden kann, die sogar die Grundlage ihres Bekenntnisses ist. Die Predigt der Kirche muss in der Situation der Missbrauchsaufarbeitung gerade diese Unterscheidung wahren.

Auch die Formulierung, die Kirche stehe »an der Seite der Opfer«, bedarf der Unterscheidung. Sie steht nicht zuletzt wegen der Vertuschung der Verbrechen den Betroffenen als angeklagte Institution gegenüber, hört ihre Geschichte, nimmt ihren berechtigten Zorn an und stellt sich ihren Forderungen. Es gibt eine dem Wunschdenken geschuldete Solidarisierung der Kirche mit den Betroffenen. Sie beruht auf den genannten falschen Voraussetzungen und führt zum Scheitern der Kommunikation mit den Betroffenen. Durch die Hintertür definiert sich die Kirche auf die Betroffenen-Seite und verbündet sich auf diese Weise mit den Betroffenen gegen die Täter. Das steigert sich gegebenenfalls zu einer kirchlichen Verurteilungs- und Hasssprache gegenüber Tätern oder, noch schwieriger, gegenüber Beschuldigten, wenn diese nun in der in Anspruch genommenen Pose der radikalen Aufklärung ohne faires Verfahren an den Pranger gestellt werden. So ist das Scheitern der Kommunikation vorprogrammiert, gerade auch mit den Betroffenen. Die Dynamik der maximalen Verurteilungssprache über Täter ließ sich auf dem vatikanischen »Missbrauchsgipfel« im Februar 2019 beobachten. Papst Franziskus sprach von den Tätern als »Werkzeugen des Teufels«, von »Herausreißen« und »Ausmerzen« des Bösen / der Bösen. »In den Missbräuchen sehen wir die Hand des Bösen, das nicht einmal die Unschuld der Kinder verschont.«[9] Man kann auf eine Weise vom Teufel sprechen, bei der man selbst in teuflische Fallen hineintappt.[10] Die Reaktion der Öffentlichkeit und vor allem auch der Betroffenen auf die Rede des Papstes dokumentiert, dass sie den Aufarbeitungsprozess eher zurückwarf als nach vorn brachte. Alle positiven Wirkungen des Gipfels[11] traten hinter dieser Fehlleistung zurück. Wieder ein Scheitern.

Für die Kirche ist im Fall der Missbrauchsaufarbeitung das Gleichnis aus dem Matthäusevangelium zunächst eine Gerichtsbotschaft. »Weg von mir«, ruft der Weltenrichter denen zu, die die Werke der Barmherzigkeit unterlassen haben, als es dran war, sie zu tun. Es gibt ein »zu spät«, das auch an anderen Stellen in den Evangelien bezeugt wird. »It's over«, lautete der Titel eines offenen Briefes, der die Bischofskonferenz der USA zu ihrer Herbstvollversammlung 2018 erreichte.[12] Zur bitteren Erkenntnis gehört eben: Der gewohnte Umgang mit dem Gerichtsgleichnis ist der Kirche im Aufarbeitungsprozess verwehrt.

Wie soll dann aber die Kirche ihre Beziehung zu Christus sehen, wenn es um die Aufarbeitung ihrer eigenen Schuld geht? Auch hier steht eine Wende um 180 Grad an. Sie wird möglich, wenn man das Thema Gerechtigkeit von der Angeklagtenseite her in den Blick nimmt. Zur Gerechtigkeit gehört neben der Anerkennung der Wahrheit der Täter-Opfer-Ausgleich. Das Thema spielt auch in der Christologie des Evangeliums eine zentrale Rolle, allerdings nicht im Gerichtsgleichnis, sondern in seiner soteriologischen Aussage: »Der Menschensohn gibt sein Leben hin als Lösegeld für die vielen« (Mt 20,28). Hier steht Christus an der Seite der Täter. Er »zahlt«.

Das Thema Geld schwingt in der Formulierung mit. Schmerzensgeld, Entschädigung, Anerkennungszahlung – allein schon die unterschiedlichen Begriffe zeigen, wie schwierig das Thema konkret zu fassen war und zu fassen bleibt, auch nach der inzwischen gefundenen neuen »Ordnung für das Verfahren zur Anerkennung des Leids«, welche die deutsche Bischofskonferenz zum 1. Januar 2021 in Kraft gesetzt hat. Geld ist ein Thema, aber gewiss kann die »Anerkennung des Leids« nicht auf Geld reduziert werden, so als ließe sich das angetane Leid der Betroffenen finanziell beziehungsweise materiell wiedergutmachen. Auch über Anerkennungszahlungen hinausgehende Hilfeleistungen (Therapiekosten, Nachzahlungen bei der Rente, nachgeholte Ausbildungen) können »nur« messbaren Schaden beheben, nicht mehr. In den Forderungen nach Zahlungen schwingt auf der Betroffenenseite ein Wunsch auf der Beziehungsebene mit, der nicht abgegolten ist, wenn »nur« Geld gezahlt wird – was natürlich kein Grund dafür ist, kein Geld zu zahlen. Aber die Zahlung, besonders auch die Höhe der Zahlung, soll für die Anerkennung des Leidens stehen. Anerkennung ist aber ein Beziehungsgeschehen. Deswegen können die Zahlungen allein keinen Frieden bringen.

Was das biblische Verständnis von »Lösegeld« betrifft, so ist das Talionsprinzip grundlegend: »Ist weiterer Schaden entstanden, sollst du *geben* Wunde für Wunde, Strieme für Strieme, Auge für Auge, Zahn für Zahn« (Ex 21,23), also angemessenen Schadensersatz. In der Bergpredigt (Mt 5,38) wird das Talionsprinzip nicht aufgehoben, sondern vor dem Missbrauch durch die geschädigte Seite geschützt – im Sinne von: »Du darfst dir das Auge, den Zahn nicht *nehmen*.« Man kann auch formulieren: »Du hast kein Recht darauf, dem eine Wunde zu schlagen, der dir eine Wunde geschlagen hat.« Die Notwendigkeit einer Leistung gegenüber der geschädigten Seite bleibt aber bestehen. Das Evangelium verlangt nicht, dass Betroffene auf Gerechtigkeit verzichten. Dafür steht ja gerade das Gerichtsgleichnis. Es behauptet auch nicht, dass Versöhnlichkeit darin bestünde, auf Entschädigung zu verzichten. Zugleich wird die Forderung nach Schadensersatz begrenzt, um Eskalation zu vermeiden: Ein Auge – sollst du geben – für ein Auge, einen Zahn für einen Zahn, nicht weniger, aber auch nicht mehr.

Mit der Menschwerdung begibt sich Christus selbst in die Logik von Entschädigungs- und Versöhnungsprozessen zwischen Tätern und Opfern.[13] Das ist für die Frage nach der Rollendefinition der Kirche in den Aufarbeitungsprozessen wichtig. Christus begibt sich stellvertretend für die Sünder in den Prozess hinein, nicht stellvertretend für die Opfer, wie im Gerichtsgleichnis. Er schlägt für die Kirche – nicht für die Opfer – die Brücke zwischen Kirche und Opfern von der Täterseite her.

Das Evangelium existentialisiert zugleich die Leistung, die von der »Täterseite« her zu erbringen ist. Christi Lösegeld ist sein Leben. Das bedeutet, um nicht zu hoch zu greifen:[14] Nur Geld ist zu wenig. Ein Schritt weiter: Geld ist also ohne existentielles Engagement kein Beitrag zum Frieden *für* die Betroffenen und *mit* den Betroffenen. Wenn die Kirche sich freikaufen wollte, wäre das ein Rückfall in die veräußerlichte Ablass-Logik: »Wir zahlen und dann sind wir quitt.«

Was aber bedeutet es für die Kirche, den Prozess in der Nachfolge Jesu über die Geldzahlung hinaus zu gestalten? Muss sie dann nicht zwingend mehr als Geld hineingeben? Einerseits darf die Kirche Kraft und Motivation aus der Solidarisierung Jesu mit der sündigen Kirche ziehen. Andererseits werden am Vorbild Jesu Aspekte des existentiellen Engagements deutlich, die auch als »Losegeld« gelten dürfen: Zeit investieren, die Anklage annehmen, Wahrheit anerkennen, überfordernden Gesprächssituationen nicht ausweichen, gegebenenfalls auch widersprechen, aus dem Hören ins Handeln gehen. Alles dies und vieles mehr liegt auf der Ebene der Beziehung.[15] Aufarbeitung ist Beziehungsarbeit.

Die Anerkennung hat, wie gesagt, eine Beziehungsdimension. Deswegen sind materielle wie immaterielle Anerkennung Teil eines Kommunikationsgeschehens, vorausgesetzt, dass die Anerkennung von der Opferseite her gefordert wird – immateriell oder materiell. Es ist ja das gute Recht einer jeden betroffenen Person, weder mit dem Täter noch mit der Institution irgendetwas zu tun haben zu wollen.

Beteiligung der Betroffenen

Genau die Beziehung mit einigen Betroffenen ist es allerdings, die in Köln gescheitert ist, nicht »nur« die Glaubwürdigkeit der Aufklärung. Auch darin weist die Kölner Krise über sich selbst hinaus. Die Beteiligung der Betroffenen geriet zu ihrer Instrumentalisierung. Das retraumatisierte einige der Betroffenen; andere veranlasste es zum Auszug aus dem Beirat, und schließlich spaltete es den Betroffenenbeirat, weil einige blieben, um weiter zu kooperieren. Der Schatten der Spaltung überlagerte dann auch sofort die Online-Konferenz des Synodalen Wegs vom 5. Februar 2021. Der Betroffenenbeirat der DBK warnte vor Spaltungen unter den Betroffenen.[16] Jedenfalls: Das Scheitern der Kölner Bistumsleitung und ihrer Beraterstäbe war besiegelt. Letztlich scheiterten alle. Der Grund dafür war wiederum der falsche Notenschlüssel. Die Instrumentalisierung der Betroffenen diente dem Zweck, die Glaubwürdigkeit der Institution zu stärken. Konkret: Kardinal Woelki brauchte die Zustimmung des Betroffenenbeirates, um seiner riskanten Entscheidung, den angekündigten Aufklärungsbericht der Münchner Kanzlei WSW nicht zu veröffentlichen, Autorität durch die Zustimmung der Betroffenen zu verleihen. Das war sein Kardinalfehler, weitaus gravierender als andere Fehler, die ihm vorgeworfen werden, zum Beispiel, was die unterlassene Meldung an die Glaubenskongregation in einem bestimmten Fall[17] betrifft. Der Kardinalfehler hatte sich schon Monate vorher in der Rollendefinition angekündigt, nach dem Motto: »Die Betroffenen helfen uns jetzt bei der Aufarbeitung.« Nun holte sich Woelki die Hilfe – und scheiterte genau daran. In der Christmette 2020 bat er um Verzeihung, scheiterte dann aber wieder, diesmal bei der Formulierung der Bitte, die seltsam geschraubt wirkte.[18] Wieder ein Kreislauf des Scheiterns.

Damit stellt sich aber die eigentliche, die tiefe Frage: Ist es überhaupt möglich, Betroffene an der Aufarbeitung zu beteiligen, ohne sie zu instrumentalisieren? Die Antwort hängt davon ab, was man unter »Beteiligung« versteht. Denn einerseits steht außer Frage: Die Aufarbeitung geht nicht ohne die Betroffenen. Aufarbeitung beginnt mit der Aufklärung, und diese ist gar nicht möglich ohne die Berichte der Betroffenen. Auch für die weitere Aufarbeitung gilt, dass es für ihre Qualität wesentlich ist, die Perspektive der Betroffenen zu kennen und zu berücksichtigen. Und schließlich gibt es da einen Punkt, an dem die Kirche tatsächlich für ihren eigenen Rechtskreis die Rolle der Betroffenen im Sinne rechtsstaatlicher Verfahren stärken könnte: indem sie nämlich bei Verfahren gegen Kleriker Betroffenen den Status von Anklägern beziehungsweise Nebenklägern zugestehen würde. Bisher ist für sie – wenn überhaupt – nur die Rolle von Zeugen vorgesehen. Das führt in den laufenden innerkirchlichen Gerichtsverfahren immer wieder zu absurden Konstellationen. Den Betroffenen wird einmal mehr ihre Ohnmacht vor Augen geführt. So werden die innerkirchlichen Gerichtsverfahren immer wieder zu Schauplätzen des Scheiterns der Kommunikation zwischen Institution und Betroffenen.

Es gibt aber auch Grenzen der Beteiligung, wie Köln gezeigt hat: Betroffene dürfen nicht in die Mitverantwortung für Entscheidungen hineingezogen werden, die einzig und allein von der Institution zu verantworten sind. Betroffene können auch – zum Beispiel im Fall von Akteneinsicht – nicht zur Diskretion verpflichtet werden, weil sie dann wieder in das Schweigen hineingezogen werden, aus dem sie gerade herausgetreten sind. Und schließlich: Die Unterscheidung zwischen Kläger bzw. Nebenkläger, Angeklagtem und Richter muss im gesamten Aufarbeitungsprozess gewahrt bleiben.

Das ist der Punkt, der am schwierigsten zu vermitteln ist, denn er setzt dem Anliegen der Gerechtigkeit für die Betroffenen auch Grenzen, obwohl ja gerade die Gerechtigkeit das grundlegende Ziel des Prozesses ist. Hintergrund ist die Spannung zwischen Recht und Gerechtigkeit. Sie ergibt sich aus der Unterscheidung von (formaler) Verfahrensgerechtigkeit und (materialer) inhaltlicher Gerechtigkeit. Im Fall der Fälle führt das dazu, dass »Recht haben« und »Recht bekommen« nicht dasselbe sind – eine für Betroffene schmerzliche Einsicht, die das Rechtsstaatsprinzip ihnen zumutet. Gerade deswegen ist aber Betroffenen auch zuzugestehen, mit Ergebnissen von Prozessen, die nach transparenten und gerechten Verfahren geführt wurden, unzufrieden zu sein und zu bleiben. Das Konzept einer »Zusammenarbeit« zwischen klagender und angeklagter Seite muss hier grundsätzlich an Grenzen stoßen – und noch mehr dann, wenn die angeklagte Seite auf diese Gemeinsamkeit hindrängt.

Harmonie mit den Betroffenen ist eben zu unterscheiden von Gerechtigkeit für die Betroffenen. Nicht Harmonie mit, sondern Gerechtigkeit für die Betroffenen ist das Ziel der Aufarbeitung. Die Kirche sollte auf Harmonie mit den Betroffenen als Siegel für »wiedergewonnene Glaubwürdigkeit« oder »hergestellte Gerechtigkeit« verzichten. Es wird zwar Betroffene geben, die im Prozess der Aufarbeitung für sich Frieden finden. Es wird auch solche geben, die mit der Kirche ihren Frieden machen. Aber nicht einmal dann ist von ihnen zu erwarten, dass sie das öffentlich aussprechen. Und es wird immer eine Rest-Differenz zur Gerechtigkeit bleiben, angesichts derer die Kirche armselig dasteht – insbesondere vor denjenigen Opfern, die unversöhnt bleiben und weiter leiden, weil sich die Gerechtigkeit letztlich nur annähernd herstellen lässt.

Nun hat sich die katholische Kirche, aufgefordert durch die MHG-Studie und in Absprache mit dem UBSKM, auf einen Weg begeben, der der »Beteiligung der Betroffenen« einen hohen Stellenwert einräumt. In Köln ist diese Beteiligung gescheitert, weil sie im kritischen Moment dem kirchlichen Interesse an der eigenen Glaubwürdigkeit untergeordnet wurde. Andernorts konnte erst im Prozess geklärt werden, was unter Beteiligung *nicht* zu verstehen ist. Auch das war mit bitteren Erkenntnissen verbunden. Als zum Beispiel die Diözese Limburg im Frühjahr 2020 ihren – schnell, partizipativ und gründlich erarbeiteten – Aufarbeitungsbericht in einer feierlichen Stunde in der Paulskirche zu Frankfurt präsentierte, distanzierten sich Betroffene von dem Ergebnis, an dem sie mitgewirkt hatten. Engagierte Haupt- und Ehrenamtliche, die viel Zeit und Herzblut in den Prozess und gerade auch in die Beteiligung von Betroffenen investiert hatten, mussten das akzeptieren. Umgekehrt war die Distanzierung der Betroffenen von ihrem Rollenverständnis her schlüssig, weil sie auch dann nicht in die Mitverantwortung für Ergebnisse genommen werden wollten, als sie an deren Zustandekommen beteiligt waren.

Wie unklar das Rollenverständnis im Verhältnis von Institution und Betroffenen gegenwärtig ist, zeigt sich beispielhaft auch an den laufenden Verfahren zur Besetzung von Betroffenenbeiräten in den Diözesen, die dann ihrerseits Vertretungen in die Aufarbeitungskommissionen der Diözesen entsenden sollen. Eine Betroffene berichtet, dass sie über Bekannte angefragt wird, ob sie bereit wäre, im Betroffenenbeirat einer Diözese mitzuarbeiten. Sie bejaht. Zwei Wochen später erhält sie einen Brief, in dem sie aufgefordert wird, sich zu bewerben – wie es die »Rahmenordnung zum Ausschreibungs- und Besetzungsverfahren sowie zur Aufwandsentschädigung für die strukturelle Beteiligung von Betroffenen« vom 23. Oktober 2020 tatsächlich vorsieht und im Einzelnen regelt. Die betroffene Frau wird auf die Rahmenordnung hingewiesen und darauf, dass an deren Zustandekommen Betroffene beteiligt waren. Klar! Aber kann man daraus nicht auch den Umkehrschluss ziehen? Das aufwändige Verfahren, das in der Rahmenordnung festgelegt wurde, versucht die Quadratur des Kreises: Betroffene beteiligen, ohne Abhängigkeiten zu schaffen und ohne sie zu instrumentalisieren. Aber das gelingt nicht.

Man könnte einwenden: Wo ist das Problem? Beim UBSKM gibt es doch auch einen Betroffenenbeirat. Das stimmt. Vergleicht man allerdings den Betroffenenbeirat des UBSKM mit den Betroffenenbeiräten in den Diözesen, wie sie nun gebildet werden, so zeigt sich ein wesentlicher Unterschied. Die Stelle des Unabhängigen Beauftragten (UBSKM) ist organisatorisch beim Bundesministerium für Familie, Senioren, Frauen und Jugend angesiedelt. Sie repräsentiert gegenüber der Öffentlichkeit, den Kirchen und auch gegenüber den Betroffenen die Politik. Als solche steht sie gerade nicht auf der Angeklagten-Seite wie die Kirchen oder andere Institutionen aus dem Bereich Sport, Pädagogik, Jugendhilfe und Kita. Deswegen ist die Kommunikation zwischen dem UBSKM und seinem Betroffenenbeirat auch viel unproblematischer, als wenn ein Betroffenenbeirat eine von ihm beklagte Institution beraten soll. Mehr noch: Der UBSKM konnte in vielen Fällen quasi anwaltschaftlich die Anliegen von Betroffenen in der Öffentlichkeit stark machen. Sein Anliegen bestand von Anfang an wesentlich auch darin, den Opfern eine Stimme zu verleihen. Der UBSKM brauchte sich dabei nicht in die Ambivalenzen zu verheddern, in denen sich Kirchen und Institutionen vorfinden würden, wenn sie sich an die Seite der Betroffenen stellen und ihnen eine Stimme verleihen wollten. Die Übertragung des Modells des UBSKM auf die Kirchen funktioniert also nicht, oder freundlicher gesagt: Sie funktioniert nur dann, wenn die Möglichkeiten und Grenzen der Beteiligung klar definiert werden. Aber das ist unterblieben.

Unabhängige Aufarbeitung

Der Weg aus den beschriebenen Dilemmata muss letztlich über die Klärung dessen laufen, was unter »unabhängiger« Aufarbeitung zu verstehen ist. Die Vereinbarung zwischen Deutscher Bischofskonferenz und dem Unabhängigen Beauftragten für Fragen des sexuellen Kindesmissbrauchs beansprucht diesen Begriff für sich: »Gemeinsame Erklärung über verbindliche Kriterien und Standards für eine unabhängige Aufarbeitung sexuellen Missbrauchs in der katholischen Kirche in Deutschland«. Doch in den von ihr beschriebenen Verfahren löst sie die Unklarheiten nicht auf. Die Vereinbarung vermeidet es, die Risiken der Beteiligung von Betroffenen klar zu benennen – die Risiken für die Betroffenen selbst (siehe Köln), aber auch die Risiken für die Verschleierung von Verantwortung, insbesondere was die Zuständigkeit der »unabhängigen

Kommissionen zur Aufarbeitung des sexuellen Missbrauchs« betrifft.

Die Fallen der Vereinnahmung und Instrumentalisierung bleiben also aufgestellt. Es besteht eine hohe Wahrscheinlichkeit, dass sich »Köln« wiederholt. Strukturell ließe sich die Unklarheit nur überwinden, wenn eine Kommission errichtet würde, die sowohl unabhängig von der Institution als auch unabhängig von Betroffenenvertretungen wäre und Verantwortung für Entscheidungen übernähme – in Bezug auf Veröffentlichung von Berichten, Bewertung von administrativem Umgang mit Tätern und Betroffenen, Hilfsangebote, Anerkennungszahlungen sowie Qualitätssicherung und Monitoring im weiteren Aufarbeitungsprozess. Dazu liegen Modelle vor. Sie lassen sich in drei Typen unterteilen:

1) Das Modell der Kooperation: Die Betroffenen organisieren sich selbst und handeln mit der Institution einen Konsens über Verfahren und Rahmenbedingungen aus. Gemeinsam beauftragen beide Seiten eine Person oder Institu-

tion, der sie vertrauen. Diese nimmt die unabhängige Aufarbeitung in die Hand, erhält Zugang zu allen Akten, erstellt den Bericht, schlägt Hilfsleistungen und Entschädigungsregelungen vor, moderiert zwischen den Parteien und begleitet die Präventionsarbeit. Exemplarisch scheint dieses Modell im Kloster Ettal gelungen zu sein. Voraussetzung ist eine überschaubare Größe wie die eines Klosters oder einer Schule. Dort kann Vertrauen zwischen den beteiligten Personen wachsen, das dann auch Ausdruck in Strukturen der Kooperation findet.

2) Beim zweiten Modell geht die Initiative von der Institution aus, und zwar im ersten Schritt nicht gegenüber den Betroffenen, sondern gegenüber einer unabhängigen Person oder einer unabhängigen zivilgesellschaftlichen Institution. Bereits im Sommer 2010 sprach der Wiener Erzbischof Christoph Kardinal Schönborn die Opferanwältin und frühere steirische Landeshauptfrau (Ministerpräsidentin) Waltraud Klasnic an mit der Bitte, eine

Opferschutzkommission zu errichten. »Eine Grundbedingung«, so Klasnic, »formulierte ich gleich: Es muss bei der Tätigkeit völlige Unabhängigkeit gegeben sein ... Daher sagte ich deutlich, ich werde eine Gruppe von anerkannten Persönlichkeiten ansprechen ... Auch bei der Personenauswahl habe ich mir vollkommen freie Hand ausbedungen ... Heute betone ich, dass in all den Jahren weder der Herr Kardinal noch einer seiner Mitarbeiter mir oder uns irgendwelche Vorgaben gemacht haben.«[19] Das Modell hat, wenn auch immer wieder Kritik an Entscheidungen[20] laut wurde, in der österreichischen Gesellschaft Anerkennung gefunden und objektiv viel Frieden bewirkt, sodass sich bald auch staatliche Institutionen daran orientierten.

3) Das dritte Modell ist das angelsächsische, das den bekannten Berichten staatlicher Kommissionen in den USA, Australien und Irland zugrundeliegt. Es sieht den Staat in der Pflicht. Während es in der angelsächsisch geprägten Rechtskultur möglich ist, dass der Staat aus

eigener Vollmacht Kommissionen bildet, welche die Aufarbeitung mit aktiven Zugriffsrechten gegenüber den Kirchen übernehmen, ist das in Deutschland schwer vorstellbar. Das hängt mit dem hiesigen kirchlichen Selbstbestimmungsrecht und seiner Geschichte zusammen. Es wurde gegen den Zugriff von Obrigkeitsstaaten und Diktaturen durchgesetzt. Oft wird das Selbstbestimmungsrecht der Kirchen in der deutschen Öffentlichkeit missverstanden, als wollten sich die Kirchen durch eigenes Sonderrecht gegen Strafverfolgung absichern. Doch das Selbstbestimmungsrecht der Kirchen gilt auch nach kirchlichem Selbstverständnis nur im Rahmen der geltenden Rechtsordnung.

Wie schon 2010, so erklang auch 2018 nach der Veröffentlichung der MHG-Studie wieder der Ruf nach der Staatsanwaltschaft. Strafrechtsprofessoren erstatteten Anzeige.[21] Die Staatsanwaltschaften in Deutschland konnten und können aber nicht die Funktion von unabhängigen Kommissionen übernehmen, wie sie in den USA, Australien und Irland eingerichtet wurden. Einige Diözesen und Ordensgemeinschaften legten in den letzten Jahren ihre Akten der Staatsanwaltschaft vor, um sie auf Anfangsverdacht einer Straftat hin überprüfen zu lassen.[22] Doch das war und ist weder von der Absicht noch vom Ergebnis her »Aufarbeitung«. Die Staatsanwaltschaft gibt die Akten in den allermeisten Fällen mit dem Vermerk zurück, dass die Täter verstorben, die Verjährungsfristen überschritten oder die zur Last gelegten Taten keine Straftaten im Sinne des Strafgesetzbuches sind, sondern Übergriffe und Grenzverletzungen, die nicht justiziabel sind – und dass bei den Verantwortlichen kein Anfangsverdacht wegen Strafvereitelung vorliegt.

Wollte man für Deutschland eine Kommission nach angelsächsischem Modell (siehe zum Beispiel Pennsylvania) einrichten, müsste die Kirche also zunächst auf den Staat zugehen und ihn mandatieren, eine Kommission zu bilden. Das würde voraussetzen, dass Bischöfe und Ordensobere über Selbstbindung Macht und Kontrolle komplett an eine unabhängige

Kommission abgeben. Dies wäre dann eine nicht-kirchliche Kommission. Jüngst äußerten sich die Bischöfe für diese Möglichkeit erstmals vorsichtig zugänglich: »Gegenüber der Einrichtung einer parlamentarischen Wahrheitskommission zeigte der DBK-Vorsitzende sich offen. Diese müsse dann aber das gesamte Feld des Missbrauchs in den Blick nehmen«,[23] also auch die evangelische Kirche, den Sportbereich, den staatlichen Schulsektor sowie andere Institutionen, denen Kinder, Jugendliche und Schutzbedürftige in besonderer Weise anvertraut sind. Dies wäre dann tatsächlich eine nationale Anstrengung mit befriedender Wirkung für die gesamte Gesell schaft – und mit entlastender Wirkung auch für alle diese Institutionen. Sie würde die katholische Kirche auch von der verführerischen Vorstellung befreien, bei der Aufarbeitung voranschreiten zu müssen, damit andere gesellschaftliche Gruppen dann folgen können. Es würde reichen, wenn die Kirche voranschritte bei den Bemühungen, eine wirklich unabhängige Aufarbeitung auch in Bezug auf sich selbst und das eigene institutionelle Versagen zu ermöglichen. Vielleicht ist das Scheitern in Köln Anlass genug, diese Perspektive noch einmal wirklich ernsthaft in den Blick zu nehmen. Es besteht ein gesamtgesellschaftliches Interesse an der Aufarbeitung von Missbrauch in der katholischen Kirche ebenso wie in anderen Institutionen.

Der Synodale Weg

Nicht erst die Vollversammlung der Deutschen Bischofskonferenz von Anfang März 2021, sondern schon die Tagung des Synodalen Weges im Februar 2021 stand unter dem Schatten der Krise in Köln. Das Präsidium des Synodalen Weges äußerte scharfe Kritik am Stand der Aufarbeitung. Zugleich beschloss es, Betroffene in den Prozess des Synodalen Weges einzubinden. Dem Betroffenenbeirat der DBK wurde angeboten, die Form der Mitwirkung im Gespräch zwischen Vertretern des Beirats, dem Präsidium des Synodalen Weges und dem Beauftragten der Deutschen Bischofskonferenz für Fragen des sexuellen Missbrauchs zu vereinbaren. Damit stehen nun für das Plenum des Synodalen Weges und für sein Präsidium vergleichbare Fragen auf der Tagesordnung, die für das Verhältnis von Institution und Betroffenen bereits bedacht wurden: Wie definiert der Synodale Weg seine Beziehung zu den Betroffenen? Welches Ziel, welchen Notenschlüssel setzt er für sich vor den Aufarbeitungsprozess mit den Betroffenen? Welche Rolle sieht er für sich selbst beim Aufarbeitungsprozess?

Eines ist allerdings sicher: Unabhängiger wird die Aufarbeitung nicht, wenn nun auch noch der Synodale Weg in die laufenden Prozesse einsteigt, die im Auftrag der Bischöfe im Gang sind. Wenn er dies auch noch täte mit dem Gestus nach dem Motto: »Wir übernehmen das jetzt, denn die Bischöfe allein schaffen es nicht«, dann wäre das Scheitern des Synodalen Prozesses vorprogrammiert, so sicher wie das Scheitern von Köln. Was dem Synodalen Weg eigentlich sinnvollerweise übrig bleibt, ist nur, sich für ein Modell unabhängiger Aufarbeitung einzusetzen, dessen mitverantwortlicher Teil er selbst dann aber nicht mehr sein könnte. Das wäre vielleicht ein Thema für ein fünftes Forum.

Das alles bedeutet natürlich nicht, dass es gar keinen Zusammenhang zwischen dem Synodalen Weg und der Aufarbeitung von Missbrauch gibt. Der Zusammenhang ist vielmehr offensichtlich. Er hat einen geschichtlichen und einen inhaltlichen Aspekt. Es war das Bekanntwerden des sexuellen Missbrauchs an Kindern und Jugendlichen im Jahr 2010 – es war die Autorität des Leidens, welches da sichtbar wurde –, was den Anstoß dafür gab, Strukturfragen anzusprechen, die unter den Pontifikaten von Johannes Paul II. und Benedikt XVI. unter dem Deckel gehalten worden waren. Nun hat der Synodale Weg acht Jahre später diese Strukturfragen in seinen vier Foren gebündelt: 1. Macht und Gewaltenteilung in der Kirche – gemeinsame Teilnahme und Teilhabe am Sendungsauftrag; 2. Priesterliche Existenz heute; 3. Frauen in Diensten und Ämtern in der Kirche; und 4. Leben in gelingenden Beziehungen – Liebe leben in Sexualität und Partnerschaft. Das alles sind Themen, die zur strukturellen Prävention gehören.

Inhaltlich bleiben allerdings einige Unterscheidungen übrig. Die Frage nach der Gerechtigkeit für die Betroffenen ist der Frage nach der Prävention vorgelagert. Prävention ist ja gar nicht möglich, wenn nicht vorher Aufklärung stattgefunden hat. Betroffene haben einen Anspruch darauf, dass das, was ihnen widerfahren ist, gesehen und anerkannt wird. Was auf dem Synodalen Weg verhandelt wird, gehört aber, wie gesagt, eher in den Bereich der *strukturellen* Prävention. Inhaltlich kann und muss da einiges auch kontrovers diskutiert werden können. Welche strukturellen Maßnahmen besseren Schutz vor Machtmissbrauch und sexualisierter Gewalt mit sich bringen, ist nicht immer sonnenklar. Die Autorität des Leidens spricht diesbezüglich nicht immer eine eindeutige Sprache. Und es gibt viele Betroffene, die an dem genannten Themenbereich gar nicht interessiert sind – was allerdings kein Argument dafür ist, sich nicht weiter mit ihm zu befassen.

Noch viel schwerer wiegt die folgende Unterscheidung: Die vier Themen des Synodalen Weges waren schon vor 2010 auf der Tagesordnung der Reformagenda nach dem Zweiten Vatikanischen Konzil. Sie bezogen und beziehen auch heute ihre Legitimation aus sich selbst, nicht bloß aus den Wirkungen zugunsten von

Prävention sexuellen Missbrauchs durch Kleriker und Kirchenangestellte. Im Gegenteil: Wäre die präventive Wirkung alleiniger Grund für die Veränderungen, würden für die Prävention Anliegen instrumentalisiert, die sich nicht instrumentalisieren lassen. Denn es geht bei den Foren des Synodalen Weges um Anliegen, die ihre Würde in sich selbst haben. »Macht und Gewaltenteilung in der Kirche« – hier geht um die Rechtskultur in der Kirche, ein Anliegen, dass sein Recht aus sich selbst heraus hat. Dass Frauen gleichberechtigten Zugang zu Diensten und Ämtern in der Kirche haben sollten, ergibt sich aus der Anerkennung gleicher Würde von Mann und Frau im Neuen Testament (vgl. Gal 3,28), die ebenfalls nicht verhandelbar ist. Und wenn Frauen nur deswegen geweiht werden sollten, um sexualisierte Männermacht gegen Kinder und Jugendliche zu bändigen, wären ihre eigenen Anliegen und Ansprüche wiederum nur aus einer männlichen Perspektive heraus instrumentalisiert. Was das »Leben in gelingenden Beziehungen« betrifft, so stellen sich schon seit Jahrzehnten drängende Fragen an Sinn und Lebbarkeit der katholischen Sexualmoral. Durch den Missbrauch sind sie nur noch drängender geworden, nicht zuletzt durch die Päpste selbst, insofern sie zum Beispiel mit der homophoben Aufarbeitungsstrategie (nach dem Motto: »schwule Priester aus dem Klerus entfernen, dann gibt es keinen Missbrauch mehr«) das Thema der Homosexualität immer wieder selbst auf die Tagesordnung setzten, obwohl sie es am liebsten von ihr streichen würden. Auch dies ist ein Beispiel für das Scheitern der mühseligen und langen Aufarbeitung – kein Wunder, wenn man den falschen Notenschlüssel an den Anfang stellt.

Es gibt noch einen weiteren Grund, warum die Arbeit an den Themen des Synodalen Prozesses von der Aufarbeitung von Missbrauch unterschieden werden sollte: Systemische Ursachen sind keine direkten Ursachen. Oft wird vorausgesetzt, es bräuchten nur einige Veränderungen an den kirchlichen Strukturen vorgenommen zu werden, um die Zahl der Missbräuche zu senken. Das muss aber nicht so sein. Die Lage ist vertrackter. Begünstigende systemische Faktoren sind keine direkten Ursachen. Vielmehr ist hier genauer zu unterscheiden. Man kann ja auch nicht aus der Tatsache, dass physische Nähe ein begünstigender systemischer Faktor für Missbrauch in Familien ist, schließen, dass es weniger Missbrauch in Familien gäbe, wenn die physische Nähe zwischen Eltern und Kindern verboten würde. Und selbst *wenn* es dann weniger Missbrauch in Familien gäbe – weil es dann weniger Familien gäbe –, wäre noch lange nicht gesagt, dass der Missbrauch dann nicht andernorts stattfinden, also verlagert würde.

Sexueller Missbrauch findet eben immer in Systemen mit ihren komplexen Kausalitäten statt, gerade in solchen, in denen Vertrauensbeziehungen in Kombination mit Macht-Asymmetrien grundlegend für das System selbst sind. Und solche Systeme sind unverzichtbar für jede Gesellschaft. Es wird nichts besser, wenn etwa faktisch existierende, ebenso unvermeidliche wie sinnvolle Machtgefälle (wie die Beziehungen Eltern – Kind, Heim – Jugendliche, Arzt – Patient, Lehrer – Schüler, Seelsorger – Seele, Präsident – Praktikantin, Regisseur – Schauspielerin) einfach nur abgebaut werden. Das haben die Missbräuche an reformpädagogischen Institutionen oder auch im Kinderladen-Milieu der 68er gezeigt: Hinter egalitärer Rhetorik versteckten sich weiter existierende, unvermeidliche Machtverhältnisse und trieben dort ihr Unwesen nur noch unkontrollierter weiter.

Niemals gibt es Missbrauch von Macht ohne Systeme, in denen er stattfindet. Deswegen ergibt sich aus dem Missbrauch von Macht nicht immer ein eindeutiger Schluss auf das, was an den systemisch begünstigenden Faktoren konkret geändert werden muss. Es geht ja um Missbrauch. Dieser setzt als sein Gegenteil so etwas wie den rechten Gebrauch der im System zur Verfügung stehenden Ordnungen und Mittel voraus. Das mag aktuell in der katholischen Kirche etwas anders liegen, aber dann muss das auch ausgesprochen werden: Rechter Gebrauch von monarchischer Macht ist schwer vorstellbar, wenn man davon ausgeht, dass absolute Macht absolut korrumpiert. Deswegen ist Gewaltenteilung ein hoher Wert in sich. Rechter Gebrauch von Diskriminierung Homosexueller oder Transsexueller in der Kirche ist ein sinnloser Begriff, rechter Gebrauch von autoritärem Herrschaftsanspruch über das Gewissen auch, und ebenso angeblich rechtmäßige Privilegierung von Männern nur deswegen, weil sie Männer sind. In diesen Fällen hat der Missbrauchsskandal geholfen, Verhältnisse aufzudecken, die ohnehin ungerecht sind, also nicht gerecht gebraucht werden können. Die Debatte über diese Ungerechtigkeiten wäre dann aber auch zu unterscheiden von der Diskussion über diejenigen systemischen Faktoren, die man immer noch auch auf richtige Weise gebrauchen kann. Auf sie müsste sich dann auch die eigentliche Arbeit an der Prävention konzentrieren.

Das alles ist keineswegs Haarspalterei. Vielmehr entscheidet sich an diesen Unterscheidungen, unter welchem Vorzeichen die jeweiligen Aufarbeitungs- und Reformprozesse stehen. Je nachdem steigen oder sinken die Chancen, ob die Prozesse scheitern oder gelingen.

Der Synodale Weg hat nach dem Herbst 2018 Themen auf die Agenda gesetzt, die von gesamtkirchlicher Bedeutung sind. Für den damit anstehenden Marathonlauf ist es ratsam, das Vorzeichen vor der Klammer zu benennen, um das es geht, und mit dem man lange weitergehen kann. Es geht um: Förderung der Gerechtigkeit innerhalb der Kirche, Förderung der Rechtskultur, Anerkennung der Gewissenfreiheit ohne autoritäre Eingriffe, Anerkennung der gleichen Würde von Mann und Frau, Anerkennung der gleichgeschlechtlichen Liebe und so weiter. Der Zusammenhang mit der Aufarbeitung von Missbrauch besteht in einigen Aspekten direkt – da, wo Verhältnisse in der Kirche herrschen, deren »rechter« Gebrauch gar nicht mehr denkbar ist –, und indirekt da, wo von Missbrauch im eigentlichen Sinne die Rede sein kann. Glaubwürdigkeitsgewinn ist in beiden Fällen »nur« ein Kollateralgewinn, wenn er nicht direkt intendiert wird. Und dann könnte es eines Tages auch mal geschehen, dass Aufarbeitung nicht wieder am Anfang steht, wenn sie am Ende angekommen ist.

Anmerkungen

1 Matthias Drobinski, in: Süddeutsche Zeitung, 26. Februar 2021.

2 Die MHG-Studie ist ein interdisziplinäres Forschungsprojekt zu sexuellem Missbrauch an Minderjährigen durch katholische Priester, Diakone und männliche Ordensangehörige in Deutschland, benannt nach den beteiligten Universitäten Mannheim, Heidelberg, Gießen. Die Forschungen begannen Mitte 2014. Die Ergebnisse wurden am 25. September 2018 auf der Herbstvollversammlung der Deutschen Bischofskonferenz in Fulda vorgestellt.

3 Vgl. »Gefährliche Seelenführer?« Eine Sonderpublikation der Herder-Korrespondenz, hg. von Heinrich Timmerevers und Thomas Arnold, Freiburg i. Br. 2020, die im Wesentlichen Referate der Tagung der katholischen Akademie Dresden zu demselben Thema im Herbst 2020 wiedergibt.

4 Nachdem Erzbischof Zollitsch schon 2010 einen mehrjährigen »Dialogprozess« einberufen hatte, der im Herbst 2015 als »Gesprächsprozess« beendet wurde.

5 Auf der Homepage des Synodalen Wegs heißt es: »Nach der Veröffentlichung der MHG-Studie … ist deutlich geworden: Die Kirche in Deutschland braucht einen Weg der Umkehr und Erneuerung. Aus diesem Anlass haben die deutschen Bischöfe im März 2019 einen Synodalen Weg beschlossen, der der gemeinsamen Suche nach Antworten auf die gegenwärtige Situation dient und nach Schritten zur Stärkung des christlichen Zeugnisses fragt. Der Synodale Weg wird von der Deutschen Bischofskonferenz und dem Zentralkomitee der deutschen Katholiken (ZdK) getragen. … Gemeinsam soll verlorenes Vertrauen zurückgewonnen werden. … Wir sehen, dass es für viele Menschen die Kirche selbst ist, die den Blick auf Gott verstellt und die Suche nach Ihm erschwert. Wir setzen auf die Kraft des Heiligen Geistes, die Kirche zu erneuern, sodass sie Jesus Christus als Licht

der Welt wieder glaubwürdig bezeugen kann.« https://www.synodalerweg.de/was-ist-der-synodale-weg (Abruf am 17. März 2021).

6 Zum theologischen Hintergrund dieser Unterscheidung vgl. Eckhard Nordhofen, Corpora. Die anarchische Kraft des Monotheismus, Freiburg i. Br. 2018, besonders Kapitel IX: Die Schriftkritik im Neuen Testament, S. 205 ff.

7 katholisch.de, 20. November 2020. https://www.katholisch.de/artikel/27667-wer-christus-koenig-nennt-muss-auch-missbrauchsopfer-so-betrachten (Abruf 17. März 2021).

8 Vgl. die Erfahrungen von Erika Kerstner von der ökumenischen Initiative »gottes-suche.de«: Achtsam feiern, sprechen und lernen. Was Betroffene wollen, in: »Kinder haben Rechte«. Der Europäische Tag zum Schutz von Kindern vor sexueller Ausbeutung und sexuellem Missbrauch am 18. November. Hintergrundinformationen und erste Anregungen für pastorale Arbeitsfelder. Herausgegeben im Auftrag der Bundeskonferenz der diözesanen Präventionsbeauftragten, Ok-

tober 2016, S. 20 ff. Online: https://www.praevention-kirche.de/fileadmin/redaktion/praevention/portalseite/Downloads/Kinder_haben_Rechte_2016_Bundeskonferenz-dioezesane-Praeventionsbeauftragte.pdf (Abruf 17. März 2021).

9 Ansprache beim Treffen »Der Schutz von Minderjährigen in der Kirche« in der Messe am 24. Februar 2019.

10 Ebenso Papst Benedikt XVI., allerdings mit anderer Akzentuierung, zum Abschluss des Priesterjahres 2010: »Man könnte nun meinen, der Teufel konnte das Priesterjahr nicht leiden und hat uns daher den Schmutz ins Gesicht geworfen. Als hätte er der Welt zeigen wollen, wie viel Schmutz es gerade auch unter den Priestern gibt. Andererseits könnte man sagen, der Herr wollte uns prüfen und uns zu einer tieferen Reinigung rufen, so dass wir das Priesterjahr nicht triumphalistisch begehen, als Selbstrühmung, sondern als Jahr der Reinigung, der inneren Erneuerung, der Verwandlung und vor allem der Buße« (aus: Benedikt XVI.: Licht der Welt. Der Papst, die

Kirche und die Zeichen der Zeit. Ein Gespräch mit Peter Seewald, Freiburg i. Br. 2010, S. 52).

11 Im Schreiben »Vos estis lux mundi« vom 9. Mai 2019 regelt Papst Franziskus, wie Verantwortliche bei Verdachtsfällen verfahren sollen. Vor allem regelt er die Verantwortung und Rechenschaftspflicht von Bischöfen. Im Dezember 2019 kippte Franziskus die besondere Vertraulichkeitsstufe des »Päpstlichen Geheimnisses« bei Vorgängen rund um Missbrauch. Die Kooperation mit staatlichen Behörden kann damit nicht mehr verweigert werden. Auch setzte der Vatikan die Altersgrenze für kinderpornografische Darstellungen von 14 auf 18 Jahre herauf.

12 https://www.ncronline.org/news/opinion/open-letter-us-catholic-bishops-its-over (Abruf: 17. März 2021).

13 Zum Zusammenhang zwischen Entschädigung und Lösegeld-Zahlung vgl. Adrian Schenker, Versöhnung und Sühne, Freiburg (Schweiz) 1981, Erster Teil.

14 Zumal die Dimension des Martyriums mitschwingt, die für die Rollendefinition der

Kirche im Verhältnis zu den Betroffenen natürlich unangemessen wäre.

15 Mehr dazu siehe: Klaus Mertes, Betroffene von Missbrauch im Sprechen der Kirche, in: Stimmen der Zeit 2/2021, S. 83–92.

16 katholisch.de, 18. Februar 2021: »DBK-Betroffenenbeirat warnt vor Streit unter Missbrauchsopfern«.

17 domradio, 8. Februar 2021: »Vatikan entlastet Kardinal Woelki offenbar im Fall O.«

18 »Zu den Sorgen, die Sie alle durch Corona ohnehin schon haben, haben wir, habe ich leider noch eine Bürde hinzugefügt. Was die von sexueller Gewalt Betroffenen und Sie in den letzten Tagen und Wochen vor Weihnachten im Zusammenhang mit dem Umgang des Gutachtens zur Aufarbeitung von sexualisierter Gewalt in unserem Erzbistum, was sie an der Kritik darüber und insbesondere auch an der Kritik an meiner Person ertragen mussten. Für all das bitte ich Sie um Verzeihung.« In: https://www.erzbistum-koeln.de/news/Aufarbeitung-von-sexualisierter-Ge

walt-Kardinal-Woelki-bittet-um-Verzeihung/ (Abruf 17. März 2021).

19 Vgl. Waltraud Klasnic, Missbrauch und Gewalt, Graz 2013, S. 11 f.

20 https://www.derstandard.at/story/1317018561370/missbrauch-in-der-kirche-heftige-kritik-an-klasnic-kommission (Abruf 17. März 2021).

21 Vgl. Interview in Zeit Online: Ein Fall für die Staatsanwaltschaft, 9. November 2018.

22 Vgl. exemplarisch: https://www.katholisch.de/artikel/21828-ermittlungen-gegen-bistum-rottenburg-stuttgart-eingestellt (Abruf 17. März 2021).

23 in: https://www.katholisch.de/artikel/28860-baetzing-alle-bischoefe-tragen-verantwortung-fuer-die-lage-der-kirche (Abruf 17. März 2021).

Zur Person

Pater Klaus Mertes, Jesuit, ist Oberer des Ignatiushauses in Berlin und Redakteur der monatlichen »Stimmen der Zeit«. Davor war er Direktor des Kollegs St. Blasien im Schwarzwald und Lehrer für Religion und Latein. In seiner Zeit als Rektor des Canisiuskollegs in Berlin kam durch seinen Brief an ehemalige Betroffene 2010 der Missbrauchs- und Vertuschungsskandal ans Licht, der weite Kreise zog und inzwischen das Problembewusstsein in der Kirche und auch in der Gesellschaft weltweit verändert hat. Für seine Rolle bei der Aufarbeitung des Skandals wurde er u. a. mit dem theologischen Ehrendoktorat der Universität Freiburg i. Br. und mit dem Bundesverdienstkreuz ausgezeichnet.

Klaus Mertes

Wie aus Hülsen Worte werden

Glaube neu buchstabiert

160 Seiten, Hardcover mit Leseband
ISBN 978-3-8436-1065-0

Sprache verändert sich, und welche Vorstellungen man mit bestimmten Begriffen verbindet, verändert sich ebenso. Die Kirche verkündet seit 2000 Jahren das Evangelium, aber viele kirchliche Vokabeln klingen heute kaum noch nach einer frohen Botschaft. Viele wirken wie leere Schneckenhäuser, in denen nun ein anderes Tier wohnt. In die alten Worte haben sich neue Bedeutungen hineingeschoben, die eigentliche Aussageabsicht ist kaum noch erkennbar, aus Selbst-Verständlichem wird Miss-Verständliches. Wenn man die überlieferten, zu Worthülsen gewordenen Begriffe durch moderne ersetzt, werden sie verschwinden, wenn mit neuen Moden neue Wörter kommen. Klaus Mertes geht deshalb einen anderen Weg. Er erschließt die eigentliche Bedeutung von 37 Schlüsselwörtern der Theologie und Spiritualität mit neuen Worten, oft mit Geschichten, die verständlich machen, worum es eigentlich geht.

PATMOS